Max Feigenwinter

Aufstehen und Leben

BIBLISCHE INSPIRATIONEN

Eschbach

Wir machen Fehler, beeinträchtigen und verletzen Mitmenschen, auch wenn wir dies nicht wollen. Wir sind Mitmenschen vieles schuldig geblieben. Wir alle sind aber auch von andern beeinträchtigt, verletzt worden. Oft ohne dass unsere Mitmenschen uns verletzen wollten, manchmal aber auch absichtlich. Über manche Verletzungen können wir leicht hinwegkommen, andere schmerzen uns lange und sehr stark. Solche Verletzungen belasten, stören oder zerstören gar Beziehungen. Meistens fühlen sich alle unzufrieden: Diejenigen, die nicht vergeben können, und diejenigen, denen nicht vergeben wird. Oft kommt es auch vor, dass Menschen für alles und jedes schuldig gemacht werden. Ihre Mitmenschen sehen an ihnen vor allem das Negative, sie werden immer zuerst als die möglichen „Täter" gesehen, Fehler werden ihnen immer wieder vorgehalten. Solche Menschen sind möglicherweise zutiefst verunsichert; sie wagen nichts mehr, setzen sich nicht mehr ein, gehen auf Distanz und werden erneut schuldig. Ihr Leben wird zur Qual.

In der christlichen Religion hat das Vergeben eine wesentliche Bedeutung. In der sogenannten Feldrede sagt Jesus: „Seid barmherzig, wie auch euer Vater barmherzig ist. Und richtet nicht, so werdet ihr auch nicht gerichtet. Verdammt nicht, so werdet ihr nicht verdammt. Vergebt, so wird euch vergeben." (*Lukas 6, 36f.*) Und im Vaterunser heißt es: „Und vergib uns unsere Schuld, wie auch wir vergeben unsern Schuldigern." (*Matthäus 6, 12*)

Wir alle wissen, dass es manchmal sehr schwer fallen kann, einander zu vergeben.

In der Geschichte vom Gelähmten in Kafarnaum sehen wir einerseits, dass Schuldgefühle lähmen können, andererseits zeigt uns Jesus, wie wir einander vergeben können, wie viel Vergebung bewirken kann.

Oft scheint es uns nicht möglich, zu handeln wie er handelt. Diese Geschichte fordert uns aber auf, dem Beispiel Jesu zu folgen. Und wir dürfen uns freuen, wenn es uns dann und wann zumindest ansatzweise gelingt. Unsere Beziehungen könnten sich wunderbar verändern.

Jesus heilt einen Gelähmten

Einige Tage später kam Jesus nach Kafarnaum zurück, und bald wusste jeder, dass er wieder zu Hause war. Die Menschen strömten so zahlreich zusammen, dass kein Platz mehr blieb, nicht einmal draußen vor der Tür. Jesus verkündete ihnen die Botschaft Gottes.
Da brachten vier Männer einen Gelähmten herbei, aber sie kamen wegen der Menschenmenge nicht bis zu Jesus durch. Darum stiegen sie auf das flache Dach, gruben die Lehmdecke auf und beseitigten das Holzgeflecht, genau über der Stelle, wo Jesus war. Dann ließen sie den Gelähmten auf seiner Matte durch das Loch hinunter.
Als Jesus sah, wie groß ihr Vertrauen war, sagte er zu dem Gelähmten: „Mein Kind, deine Schuld ist vergeben!" Da saßen aber einige Gesetzeslehrer, die dachten bei sich: „Was nimmt der sich heraus! Das ist eine Gotteslästerung! Nur Gott kann den Menschen ihre Schuld vergeben, sonst niemand!"
Jesus erkannte sofort, dass sie das dachten, und fragte sie: „Was macht ihr euch da für Gedanken? Was ist leichter - diesem Gelähmten zu sagen: Deine Schuld ist dir vergeben, oder: Steh auf, nimm deine Matte und geh umher? Aber ihr sollt sehen, dass der Menschensohn die Vollmacht hat, hier auf der Erde Schuld zu vergeben!" Und er sagte zu dem Gelähmten: „Ich befehle dir: Steh auf, nimm deine Matte und geh nach Hause!"
Der Mann stand auf, nahm seine Matte und ging vor aller Augen weg. Da waren sie alle außer sich; sie priesen Gott und sagten: „So etwas haben wir noch nie erlebt!"

Markus 2, 1-12
nach der Gute Nachricht Bibel

Gelähmt werden und gelähmt sein

Ich freue mich an meinen Enkeln, staune über ihre Lebendigkeit, ihre Einfälle und Ausdauer. Immer muss etwas geschehen. Viele Erwachsene, die als Kinder ebenso lebendig waren, haben kaum noch Lebensfreude; ihr Blick ist müde, sie sehen ihren Mitmenschen kaum in die Augen, sagen nicht, was sie denken und fühlen, ergreifen keine Initiativen, nehmen fast keinen Anteil am Geschehen, reagieren nicht. Sie haben kein Selbstvertrauen, kein Selbstwertgefühl, fühlen sich in Anwesenheit anderer unsicher, wagen nichts. Weil sie nichts riskieren, nur tun, was sie unbedingt tun müssen, haben sie nur wenig Erfolg, keine Anerkennung, und sie sehen sich in ihrer Annahme, dass sie für niemanden wichtig und bedeutsam sind, bestätigt. Das führt dazu, dass sie immer weniger wagen, sich immer weniger bewegen. Weil von ihnen wenig kommt, kommt auch niemand auf sie zu.
Wie fühlen sich solche Menschen? Fühlen sie noch, oder haben sie das Gespür für ihre Gefühle ganz verloren?
Ich erinnere mich an eine Frau, die sagte, sie hätte sich nichts mehr zugemutet, das Leben vielmehr als eine Zumutung erfahren. Diese Frau wollte nicht mehr leben, das Dasein war ihr unendliche Last. Wie kommt es, dass Menschen den Mut verlieren, immer weniger wagen, die Lebendigkeit und Lebensfreude verlieren? Wurde von ihnen zu viel verlangt, hat man sie überfordert statt gefördert? Haben ihre Mitmenschen nur auf Fehler und Mängel hingewiesen statt Fortschritte gesehen und Freude am Erreichten gezeigt? Hat dies alles dazu geführt, dass sie nichts mehr wagten, um ja keinen Fehler zu machen?

In der Geschichte von der Heilung eines Gelähmten in Kafarnaum wird vorerst gar nichts Genaueres über diesen Mann gesagt. Wir wissen nur: Er ist gelähmt, kann nicht mehr gehen, ist auf Mitmenschen angewiesen.

Die Angst,
Falsches zu sagen,
Fehler zu machen,
Wichtiges zu vergessen,
nicht verstanden,
belächelt,
verspottet zu werden,
hemmt,
lähmt.

Mutlos,
teilnahmslos
ziehe ich mich zurück,
sage nichts,
sehe nichts,
mache nichts,
bewege nichts,
leide einsam.

Ich kann mir vorstellen,
dass du nichts mehr wagst,
weil man das Positive übersah
und das Negative hervorhob.

Ich kann mir vorstellen,
dass du nichts mehr machst,
weil man dich belächelte
und vor andern verspottete.

Ich kann mir vorstellen,
dass du nicht mehr an dich glaubst,
weil man dir die Schuld zuschob
und mit Fingern auf dich zeigte.

Ich kann mir vorstellen,
dass du nicht mehr magst,
weil man dich überforderte
und du keinen Sinn mehr sahst.

Ich kann mir vorstellen,
dass du gelähmt bist,
weil niemand an dich glaubte
und die Hoffnung gestorben ist.

Die Hinweise,
es anders zu versuchen;
die Vorschläge,
es nochmals zu tun;
die Anweisungen,
es besser zu machen;
die Aufforderungen,
genauer zu schauen;
die Erwartungen,
keine Fehler zu machen;
die Äußerungen,
das sei ungenügend;
die Vergleiche,
die andern könnten es besser;
die Ansicht,
das gehöre sich nicht,
haben mich verunsichert,
verletzt, gekränkt, gelähmt.

Jetzt, da ich unfähig bin,
etwas zu sagen, etwas zu tun,
fragt ihr euch,
was mir fehlt.

Aus Angst,
wieder etwas falsch zu machen,
wieder nicht zu genügen,
wieder zu versagen,
wieder bestraft zu werden,
keinen Schritt wagen,
keine Antwort geben,
keine Fragen stellen,
keine Entscheidungen treffen.

Aus Angst,
wieder etwas falsch zu machen,
nichts wünschen,
um nichts bitten,
nichts geben.

Immer wieder wurde mir gesagt,
was ich hätte tun müssen,
was falsch gewesen ist,
was gefehlt hat.

Immer wieder bemühte ich mich,
den Rat zu befolgen,
die Fehler zu beheben,
so zu sein,
wie andere mich haben wollten.

Und immer mehr spürte ich,
wie ich mir selber fremd wurde,
mich immer mehr verlor
und keinen Sinn mehr sah.

Die Angst,
wieder nicht zu genügen,
wieder nicht zu entsprechen,
wieder zu spät zu kommen,
wieder falsch zu reagieren,
behindert,
schränkt ein,
lähmt.

Als Gelähmter
werde ich nicht genügen,
wieder nicht entsprechen,
zu spät kommen,
nicht mehr reagieren.
Auch das macht mir Angst.

Helfen und helfen lassen

Markus sagt nicht viel von den vier Männern, die den Gelähmten zu Jesus bringen, obwohl sie sehr wichtig sind. Hätten sie nur an sich selbst gedacht, versucht, möglichst schnell zu Jesus zu kommen, um ja nichts zu verpassen, hätte Jesus dem Gelähmten nicht helfen können. Die vier Männer haben die Not dieses Mannes gesehen und sich berühren lassen. Sie konnten den Gelähmten nicht heilen, glaubten aber, dass Jesus es kann. Dieses Vertrauen hat sie ermutigt, sich einzusetzen.

Vielleicht glaubte der Gelähmte selbst nicht mehr an Heilung, vielleicht hatte er bereits aufgegeben, sich aufgegeben. Immer wieder begegnen wir Gelähmten; Menschen, die nur mehr wenig oder gar nichts mehr wagen; Menschen, die das Vertrauen verloren haben und voller Schuldgefühle sind. Sie brauchen Mitmenschen, die auf sie zugehen, zu ihnen stehen und ihnen das Gefühl geben, angenommen und getragen zu sein. Sie brauchen Menschen, die ihnen helfen.

Manchmal sind wir vielleicht unsicher, ob wir wirklich helfen können. Wir erwarten zu viel von uns, zweifeln an unseren Möglichkeiten, tun nichts. Andererseits ist es oft gar nicht so einfach, sich helfen zu lassen; zuzugeben, dass wir schwach sind, selber nicht mehr weiter kommen, andere brauchen. Fulbert Steffensky sagte einmal: „Mit der Kunst, sich brauchen zu lassen, hängt eine andere zusammen: die Kunst, jemanden zu gebrauchen. Ich halte sie für die viel schwerere Kunst. Es gibt Menschen, die jederzeit für andere da und bereit sind; die selbstlos jedem Hilferuf folgen, die sich aber schwer damit tun, selber andere zu bitten und in Anspruch zu nehmen." Und Martin Buber schrieb: „Die Lösung des Lebens ist: gib und nimm. Jeder Mensch soll ein Spender und Empfänger sein. Wer nicht beides in einem ist, ist ein unfruchtbarer Baum."

Wenn wir unsern Mitmenschen sagen, dass wir sie brauchen, geben wir ihnen die Chance, Gutes zu tun. Und wir können dazu beitragen, dass unsere Mitmenschen ihre Lebensfreude behalten, sich sicher und gut fühlen, wenn wir ihnen wohlwollend begegnen.

Oft ist es nicht leicht,
zu zeigen, dass ich
nicht mehr mag,
mich nicht getraue,
allein nicht weiter komme,
ganz und gar unfähig bin.

Oft ist es nicht leicht,
andere zu fragen,
was ich nicht weiß,
andere zu bitten,
wenn ich etwas brauche.

Oft ist es nicht leicht,
anzunehmen, dass andere
mich stützen,
mich tragen,
mir helfen,
Neues ermöglichen.

Oft ist es nicht leicht,
anzunehmen, was ist.

Niedergeschlagen,
ohne Kraft und ohne Mut,
ohne Hoffnung und ohne Glaube
bin ich darauf angewiesen,
dass Menschen auf mich zukommen,
zu mir stehen und mich verstehen,
überzeugend neue Möglichkeiten zeigen,
ermutigen und stärken,
mich stützen und tragen,
glaubend helfen und helfend glauben,
so Neues ermöglichen.

Helfen, wenn ich auch
wegsehen,
weglaufen,
anderes tun könnte;

helfen,
obwohl ich nicht weiß,
ob ich fähig bin,
dir das zu geben, was dir entspricht;

helfen, damit
die Not kleiner wird,
du wieder Möglichkeiten siehst
und neue Schritte wagst.

Wir brauchen Menschen,

die bei uns stehen bleiben,
wenn wir nicht mehr gehen können;

die uns stützen,
wenn wir nicht mehr stehen können;

die uns tragen,
wenn wir keine Kraft mehr haben;

die für uns einen Weg bahnen,
wenn uns alles versperrt ist;

die unsere Anliegen unterstützen,
wenn wir allein zu schwach sind;

die sich für uns einsetzen,
wenn alles verloren scheint.

Wir brauchen Menschen,
die uns annehmen,
wie wir sind,
damit etwas Neues entstehen kann.

Ich kann
nicht alle Hungernden sättigen,
Kriege nicht verhindern,
die Umweltzerstörung nicht aufheben,
nicht allen Analphabeten helfen,

aber ich kann
meinen Beitrag leisten,
auf dich zugehen,
unsere Beziehung pflegen,
dir helfen, wenn du es brauchst,
und dir sagen, dass du mir wichtig bist.

Vertrauensvoll Widerstände überwinden

Markus erzählt kurz und klar, was die Männer machten, nachdem sie wegen der großen Menschenmenge nicht bis zu Jesus vordringen konnten. Wenn wir uns die Situation genauer vorstellen, wird erst klar, wie wichtig dieses Verhalten ist.

Ich stelle mir vor, sie waren voller Freude, als sie den Gelähmten auf der Bahre zu Jesus trugen. Sicher waren sie gespannt und hofften, Jesus würde ihrem Freund helfen, und sie stellten sich wahrscheinlich auch vor, wie die andern Leute schauen würden, wenn sie mit dem Gelähmten kommen. Alles war gut geplant.

Wie groß muss die Enttäuschung gewesen sein! War alle Mühe umsonst? Warum ließen die andern Leute sie nicht durch? Was gab den Männern den Mut, diesen ungewohnten Weg zu wählen, das Dach aufzureißen und den Gelähmten so zu Jesus zu bringen?

Oft geht es uns ähnlich. Wir haben eine Idee, sind begeistert, haben uns sorgfältig vorbereitet und freuen uns zu verwirklichen, was wir geplant haben. Doch die Freude ist von kurzer Dauer. Es zeigen sich Schwierigkeiten, Widerstände. Alles scheint umsonst zu sein, die Mühe hat sich nicht gelohnt. Wir neigen dazu aufzugeben.

Was hilft uns in solchen Momenten, unser Ziel zu verfolgen, beharrlich zu sein? Das Vertrauen der Männer in dieser Geschichte ist so groß, dass Jesus es nicht übersehen kann. Auch wir brauchen das Vertrauen, dass es sich lohnt, die Widerstände zu überwinden, neue, vielleicht ungewohnte Wege zu gehen. Wir dürfen nicht erwarten, dass den andern alles gefällt, was wir tun. Einige werden den Kopf schütteln, andere sich an die Schläfe tippen. Wir werden auf Unverständnis der Umstehenden stoßen, wenn wir Widerstände überwinden wollen. Aber wir werden einen Weg finden, wenn wir genügend Selbstvertrauen haben und das Ziel uns wirklich wichtig ist. Es wird uns wesentlich leichter fallen, diesen Weg zu gehen, wenn wir nicht alleine sind, sondern mit anderen Menschen zusammen die Schwierigkeiten überwinden.

Nicht aufgeben,
weil der Weg versperrt
und die Türen verschlossen;
deine Bitte überhört
und dein Vorschlag belächelt;
deine Idee ignoriert
und dein Angebot verschmäht;
dein Bemühen übersehen
und deine Lösung verachtet wird.

Nicht aufgeben,
dich nicht aufgeben,
sondern voll Vertrauen
in Frage stellen,
was du noch nie bezweifelt;
Ideen prüfen,
die du noch nie geprüft;
Pläne schmieden,
die du noch nie geschmiedet hast;
und dann Wege gehen,
die du noch nie gegangen bist.

Trotz allem das Ziel erreichen.

Das große Vertrauen
gibt ihnen die Kraft,
die Hindernisse zu überwinden,
die Probleme zu lösen,
Normen in Frage zu stellen,
ihren Weg zu gehen,
dem Menschen zu helfen,
Wunderbares zu ermöglichen.

Einander vergeben

Es braucht viel Kraft
und einen großen Glauben,
nicht aufzugeben,
neue Wege zu suchen
und sie auch zu gehen,

wenn in Frage gestellt wird,
was bisher gültig war;
wenn Vorschläge abgelehnt werden,
die wir wohl bedacht haben;
wenn Pläne durchkreuzt werden,
die uns bisher hilfreich waren;
wenn Antworten nicht genügen,
die bisher weiter führten,
und belächelt wird,
wenn wir uns einsetzen.

Stellen wir uns diese Situation vor: Der Gelähmte liegt vor Jesus auf der Bahre. Er sagt nichts, bewegt sich nicht, wagt nichts. Ringsum die staunenden Männer und Frauen, die gespannt sind, was jetzt passiert. Jesus sieht den Lahmen und sieht das Vertrauen der helfenden Männer. Er schaut den Gelähmten an und hat Mitleid mit ihm. Vielleicht hat sich Jesus gefragt: Wie ist es dazu gekommen, dass du dich nicht mehr bewegen, nichts mehr wagen und unternehmen kannst? Wie schlimm muss es sein, wenn man sich ganz und gar unfähig fühlt, den Mitmenschen dauernd zur Last fällt, sich gegenüber allen schuldig fühlt?

Und jetzt sagt Jesus das, was viele nicht fassen können: Deine Schuld ist dir vergeben. Jesus verlangt vom Gelähmten nicht, dass er sagt, was er gemacht hat, wie oft und warum er etwas gemacht hat. Er vergibt. Es scheint, als spüre Jesus die unheimlich erdrückende und lähmende Last von Schuldgefühlen und sage: Lege das alles ab. Du darfst neu anfangen.

Schuldgefühle lähmen. Wir alle haben das wahrscheinlich schon erfahren. Es gibt viele Menschen, die nicht tun, was sie tun könnten, weil sie Angst haben, erneut schuldig zu werden; Menschen, die für sich nichts beanspruchen, weil sie glauben, kein Recht zu haben; Menschen, die total verunsichert sind, weil ihnen immer wieder vorgehalten wird, was sie damals falsch gemacht haben; Menschen, die jedes Unrecht, das man ihnen antut, geschehen lassen, weil sie glauben, büßen zu müssen für das, was einmal geschah.

Menschen können Mitmenschen lähmen, wenn sie immer wieder mit dem Finger auf sie zeigen, ihnen ihr Fehlverhalten immer wieder unter die Nase reiben. Wir Menschen machen alle Fehler, wir bleiben immer wieder etwas schuldig. Deshalb sind wir auf Vergebung angewiesen. Wer Mitmenschen festnagelt, lähmt; wer vergibt, befreit, ermöglicht neues Leben.

Es geht nicht darum, dass wir vergessen, was war, sondern, dass wir mit Fehlern und Mängeln rechnen. Wir alle sind fehlbare Menschen. Wir haben die Möglichkeit, einander zu vergeben, und nur dort, wo wir so handeln, wie Jesus in dieser Geschichte zeigt, können wir menschenwürdig leben. In solchen Gemeinschaften wagen wir, uns wieder aufzurichten, einander in die Augen zu schauen und miteinander Neues zu schaffen. Wo Menschen einander vergeben, geschehen Wunder.

Sie,
die alles wissen,
alles besser wissen,
alles eher wissen;

sie,
die immer zeigen,
was sie wissen,
besser wissen,
schon lange wissen,

halten eisern fest,
verhindern Neues,
ersticken Leben.

Dem andern vergeben:
Last abnehmen,
Druck mindern,
Fesseln lösen,
Grenzen sprengen,
von Schuld befreien,
damit er wieder wagt,
seine Möglichkeiten einzusetzen,
seinen Teil beizutragen,
Initiativen zu ergreifen,
Verantwortung zu übernehmen,
sein Leben zu leben.

Du schaust mich an,
nimmst mich an,
sagst ja,
bedingungslos Ja – zu mir,
und ich spüre,
wie tief in mir Neues entsteht:
neues Vertrauen,
neuer Mut,
neue Kraft
und das Ja zu mir,
das mich neu leben lässt.

Du darfst du sein
mit all deinen Mängeln,
mit all deinen Fehlern,
mit all deinen Zweifeln.
Du darfst du sein,
uneingeschränkt.
Du bist gottgewollt.

Ich möchte dir so begegnen,
dass du wieder wagst,
dich aufzurichten:
geduldig zuhören,
bedingungslos annehmen,
einfühlsam verstehen,
hilfreich begleiten,
wohlwollend fördern,
gezielt bestärken.

Ich möchte dir so begegnen,
dass du wieder wagst,
auf dich selbst zu hören,
nein zu sagen,
zu bitten, wenn du etwas brauchst,
zu fragen, wenn du etwas nicht weißt,
anzunehmen, was dich betrifft,
und deinen Weg zu gehen.

Wunder

Ich wage wieder,
mich aufzurichten,
selbst zu stehen
und selbst zu gehen;
selbst zu entscheiden
und selbst zu verantworten.

Ich wage wieder,
zu sagen, was mir wichtig ist;
zu tun, was mir entspricht;
zu sein, wie ich bin.

Dein Ja zu mir
trotz all meiner Zweifel,
trotz all meiner Fehler,
trotz all meiner Mängel,
ermöglicht mir,
neu zu beginnen.

Vergeben,
so aufeinander zugehen,
dass keiner liegen bleibt
und keiner hoffnungslos ist;
dass Angst nicht lähmt
und Schuld nicht erdrückt;
dass alle ihre Möglichkeiten sehen
und ihren eigenen Weg gehen.

Neu anfangen – neu leben

Der Gelähmte ist von Schuld und Schuldgefühlen befreit, erlöst, frei. Er steht auf und geht. Schuldgefühle sind Fesseln, die einengen; Lasten, die drücken und erdrücken. Es gibt viele Menschen, die unter solchen Fesseln und Lasten leiden, die den Glauben an sich und die Mitmenschen verloren haben. Was in dieser Geschichte in einem Moment möglich wird, braucht bei uns normalerweise viel länger. Menschen voller Schuldgefühle können nicht glauben, dass wieder alles in Ordnung ist. Sie wagen es nicht, ihren Mitmenschen zu begegnen und ihnen in die Augen zu sehen. Sie bleiben auf Distanz, sondern sich ab. Es genügt nicht, ihnen einmal zu sagen, wir hätten ihnen vergeben. Sie müssen es erleben: immer wieder und auf ganz verschiedene Art.

In unserer Geschichte heißt es, Jesus habe ihm befohlen, aufzustehen und zu gehen. Schauen wir genau hin: Es genügt nicht, dem Gelähmten zu helfen, ihn zu tragen und zu ertragen. Es muss ihm vergeben werden. So ist es auch bei uns. Wir müssen einander vergeben, wenn wir uns frei fühlen und befreien wollen. Was für ein Glück ist es, wenn Menschen nach und nach wieder an sich glauben, aufstehen und ihren Weg gehen, neu anfangen.

Oft ist es schwer, einander zu vergeben; dem andern immer wieder seine Mängel unter die Nase reiben und ihn klein machen, fällt uns leichter. Frei, unbeschwert und glücklich werden wir aber nur, wenn wir einander vergeben.

Es liegt an uns, ob das Wunder hier und heute wieder geschieht.

Du fragst nicht,
forderst nicht,
nimmst mich bedingungslos an,
sagst ja
trotz all meiner Mängel,
trotz all meiner Schwächen,
trotz allem,
was ich schuldig geblieben bin,
vergibst mir,
gibst mir
neue Kraft,
neue Hoffnung,
neuen Mut.
Dankbar wage ich wieder,
meinen Weg zu gehen,
zu sagen, was ich denke,
zu tun, was mir entspricht,
zu sein, wie ich letztlich bin.

Es geht nicht darum,
zu vergessen, was war.
Wichtig ist,
nie zu vergessen,
dass wir in jedem Fall
vieles schuldig bleiben.
Menschlich werden wir,
wenn wir nicht nur geben,
sondern immer wieder vergeben,
miteinander neu anfangen.

Noch einmal neu anfangen,
selber sehen,
selber gehen,
selber entscheiden,
selber tun,
wohl wissend,
dass wir wieder Fehler machen,
manchmal nicht genügen,
oft keine Lösung sehen,
nicht vollkommen sind.

Noch einmal neu anfangen,
ohne Anspruch auf Perfektion
einfach sein dürfen.